W0324647

ALFAGUARA

Grup Promotor

Marsupial, no siguis animal!

Elena O'Callaghan i Duch

ALFAGUARA

Grup Promotor

www.llegiresunbonpla.cat

© Del text: 1993, Elena O'Callaghan i Duch

© D'aquesta edició:

2008, Santillana Infantil y Juvenil, S. L. i Grup Promotor, SL
Frederic Mompou, 11 (Vila Olímpica)
08005 Barcelona
Telèfon: 93 230 36 00

ISBN: 978-84-8435-383-6
Dipòsit legal: M-33.785-2008

Primera edició: octubre 1993
Novena edició: juliol 2008

Disseny de la col·lecció:
Manuel Estrada

Printed in Spain

Qualsevol forma de reproducció, distribució, comunicació pública o transformació d'aquesta obra només es pot fer amb l'autorització dels seus titulars, llevat d'excepció prevista per la llei. Si en necessiteu fotocopiar o escanejar algun fragment, adreceu-vos a CEDRO (Centro Español de Derechos Reprográficos, www.cedro.org).

SANTILLANA

Marsupial, no siguis animal!

Elena O'Callaghan i Duch

Il·lustracions de Lluís Filella

Als cangurs bons.
Als bons cangurs.

–Boing, vine aquí! Altra vegada se m'ha escapat!

La cangura Gura ja no sabia què fer del seu fill. Estava d'allò més enfadada.

–L'hauré de lligar! Aquest fill meu no sé pas a qui ha sortit.

I per allí passaven un grup
de cangures fent «footing», que ja
són ganes a aquelles hores del matí.
-Que heu vist el meu fill?

I una cangura que duia vambes
verdes amb cordons grocs
li va contestar, tot saltant:
-L'he vist en direcció a la piscina!
-Gràcies!
I cap allà va anar la Gura,
cada vegada més enfadada.
-Quan l'atrapi...

Però a la piscina,
no la van deixar entrar.

–Ho sento senyora –va dir
el porter, un cangur vell
i malcarat.

–Deixi'm entrar, li dic. Si no
em vull pas banyar, només vull
recuperar el meu fill.

–Haurà de pagar l'entrada.

–No m'atabali que m'he deixat els diners a casa.

–Que no, que no la deixo passar.

–Digui'm, almenys, si ha passat un canguret, en Boing, no el coneix? Miri, d'aquesta mida!

I li ensenyava la bossa.

–Escolti, senyora, d'aquesta mida, aquí dintre n'hi ha un munt. Com vol que sàpiga, jo, qui és en Toing?

–Boing, no Toing!

–Toing, Toing... La que em faltava!

I mirava a través de les herbes que feien de paret per veure si guipava alguna cosa. Només va veure tot de cangurs fent salts dalt del trampolí i cridant com a bojos:

–Salt mortaaaaaal!

Xoffff!

I tot d'aplaudiments.

–Doble salt mortaaaaaaal!

I psssssiiiiuu, xof, splash!

Més aplaudiments i més forts.

–Ai! –va cridar la Gura, perquè l'havien esquitxada–. Sort que una va preparada, que si no...

Va treure de la bossa una tovalloleta i es va eixugar la cara. I en aquesta situació que se li acosta un canguret tot remullat i treu el cap entre les herbes:

–Que busca en Boing?
–L'has vist? Sóc la seva mare. L'estic buscant des de fa dues hores...
–Sí, sí, diuen que ha passat per aquí. Però jo ara vinc de la fira i l'he vist allí, fent cua a les muntanyes russes.

–A les muntanyes russes? Però què s'ha cregut aquest desvergonyit? Ai, quan ho sàpiga son pare!...

I ja em teniu la Gura esperitada cap a la fira.

Quan hi va arribar, una filera
de cangurets li barraven l'entrada.
Es veia d'una hora lluny que
es tractava d'una excursió
de parvulari. Anaven tots en fila
índia, agafats l'un a la cua
de l'altre. I no acabaven de passar
mai.

–Vinga, que no podeu saltar més de pressa? –va protestar la Gura impacient.

–Senyora! –es va indignar la mestra!–. Que són parvulets! Què vol? Que en perdem un o què?

La Gura es va posar vermella fins a les orelles i va pensar que no tindria més remei que esperar que passés aquella inacabable corrua de cangurets que cantaven a tot drap:

–Cangurel, bon minyó,
sóc a casa i al balcó.

A la Gura li va semblar que n'hi
havia més de cent cinquanta, així
que va decidir fer un salt molt
i molt gran i creuar, per damunt,
la filera dels cangurets.

–Mal educada! –va cridar la mestra.

Però la Gura ja no la va sentir. Havia arribat, en quatre salts, a les muntanyes russes.

Com tothom ja sap, els cangurs, a les muntanyes russes, s'hi posen de cap, a dintre del cotxe. Perquè els peus, no els hi caben.

Per això, per a un cangur, pujar a les muntanyes russes, resulta doblement emocionant.

En una d'aquelles boges baixades, la Gura va inspeccionar i olorar tots els peus que passaven ràpidament pel seu davant.

Ni rastre d'en Boing. Més ben dit, ni rastre dels peus d'en Boing.

–Quan l'enxampi, em sentirà! Què s'ha cregut aquest mocós?

Un considerable aldarull la va fer mirar a la dreta. Uns quaranta cangurs feien una rotllana i cridaven pels descosits:

–A la dreta!

–Més a la dreta!

–No tant!

–A l'esquerra, gamarús, que t'has passat!

–Ara!

–Ara, ara!

–Aaaiii!

–Més al mig, més al mig!

I enmig de la rotllana,
un cangur amb els ulls tapats
vinga fer salts intentant trencar
amb els peus una immensa olla
penjada d'una corda.

– Ara, ara sí!

– Endavant!

– Pica-li fort!

– Vinga, vinga!

Catacraaac!!

Zaaass!!

I tots com bojos a recollir manats de pastanagues.

La Gura es va allunyar ràpidament. Segur que en Boing no era per allí. No li havien agradat mai les pastanagues. Preferia la gespa tendra i fresca.

La Gura va recórrer tota la fira.

Feia quatre hores que l'havia
perdut de vista i ni rastre
del seu fill. Ni tan sols a les curses
de relleu amb els peus lligats, que
tant li agradaven, a en Boing.

La Gura va recórrer tot el poble.
Res. Que no el trobava.

–Això no quedarà així!
Desvergonyit! Ai quan l'atrapi!...

Es va asseure a la vorera
d'un camí per descansar i pensar.
Ja era mitja tarda.

–Serà capaç d'haver marxat
del poble?

I es va començar a preocupar
de debò.

En aquell moment, tot d'una,
va veure una polseguera al camí.

–Mira! –va pensar la Gura–,
un remolí de vent. Només falta que
ara s'aixequi vent i en Boing sense
aparèixer. El renyaré de valent.
Si es pensa que pot marxar sense
dir-me res i fer-me passar aquesta
angúnia...

Però vet aquí que aquella mena de núvol de polseguera s'anava acostant.

–Que estrany! Sembla que camini.

I tant, que caminava! A sota del remolí, la Gura hi va endevinar uns peus. Uns peus?

–Que estrany! –va repetir-se la Gura–. Un remolí amb peus? I de què em sonen a mi aquests peus?

A mesura que aquella espècie
de remolí de pols s'acostava,
la Gura va anar aclarint dubtes,
fins que va descobrir que era en
Boing. En Boing! Amb el cap cot,
arrossegant els peus... aixecant
aquella immensa polseguera
que no deixava veure res.

–Boing! –va cridar emocionada la Gura.

–Mare! –va cridar emocionat en Boing.

I es van abraçar tots dos, molt contents d'haver-se trobat.

Vet aquí que, de sobte, la Gura
va recordar que estava molt
enfadada amb el seu fill.

Vet aquí que, de sobte, en Boing
va pensar que la mare el renyaria
de valent per l'escapada.

La Gura, però, abans de renyar-lo
volia saber què li havia passat.
I en Boing, abans de rebre el
xàfec, va decidir contar a la mare,
a la seva manera, és clar, què li
havia passat.

I tots dos van intervenir alhora:

–Primer explica'm
què t'ha passat –deia la Gura.
–Primer t'explicaré
què m'ha passat –deia en Boing.

I tot caminant cap a casa,
en Boing va començar a explicar
la història del que li havia passat;
bé, la història més fantàstica que
mai cap cangur ha imaginat:

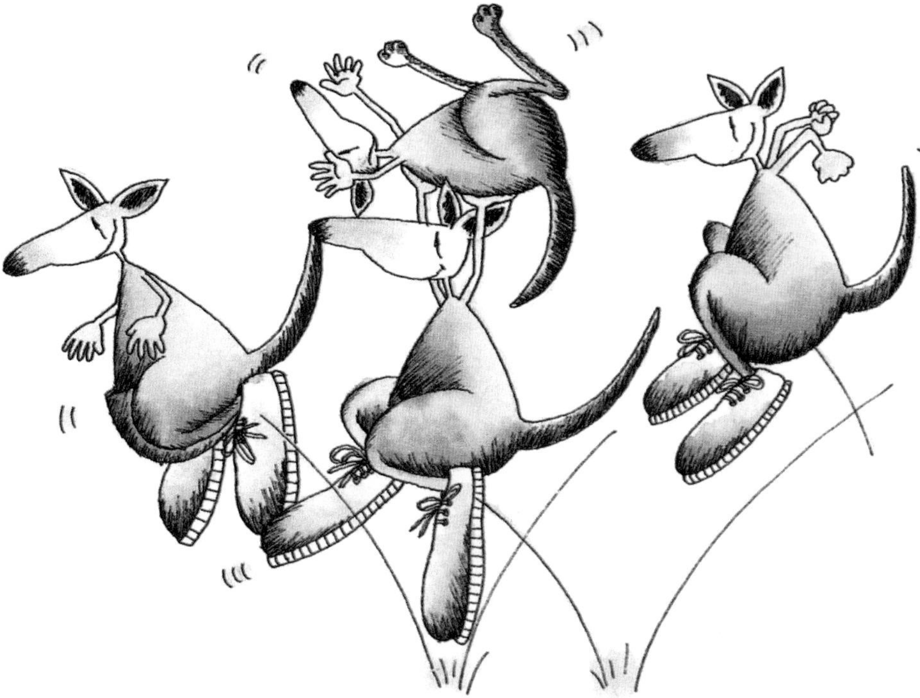

–Doncs jo estava jugant al carrer,
tranquil·lament, davant de casa,
quan un grup de cangurs
amb bambes m'han agafat
d'una revolada i se m'han endut
corrents.

I jo volia tornar a casa, però no he pogut, perquè he estat víctima d'un segrest. Vull dir que m'han segrestat.

–Què? –va preguntar la Gura esfereïda–. N'estàs segur, del que dius? Podries identificar els segrestadors? Algun detall? Alguna cosa que recordis?

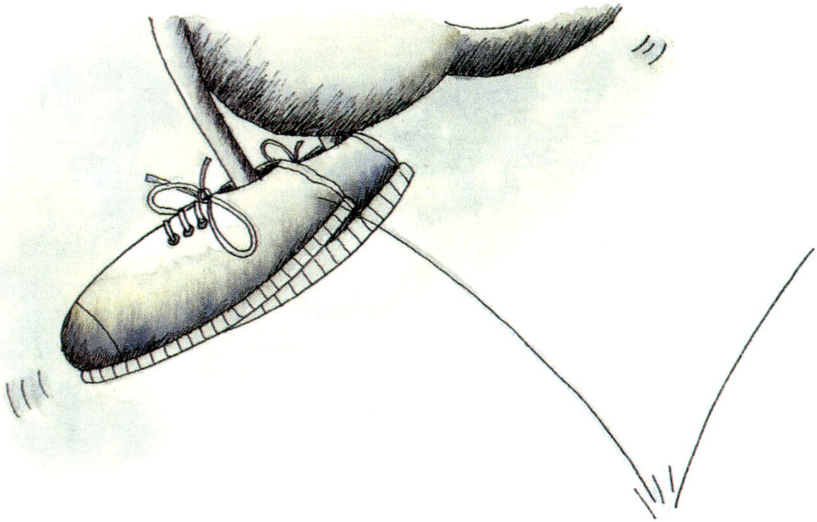

–Sí! –va dir en Boing tot convençut–. Una cangura del grup duia vambes verdes amb cordons grocs.

–Vambes verdes amb cordons grocs? –va rumiar la Gura.

–Sí, però jo m'he pogut escapar, perquè sóc molt valent.

–I com t'ho has fet?

–Quan corrien pel costat d'un riu, molt profund, jo Psssiiiuuu! Xof, splasssh! M'hi he llançat de cap amb un doble salt mortal i he nedat tan i tan de pressa que ja no m'han pogut atrapar.

–Amb un doble salt mortal?

–Sí, sí. I tot de peixos que hi havia per allà m'han aplaudit força. I jo volia tornar a casa, però just en el precís instant en què he sortit del riu, un exèrcit de soldats, molt petits, molt petits, molt petits, m'han capturat altra vegada.

–Doncs si eren tan petits,
no te n'has pogut escapar
altra vegada? –va preguntar
la Gura cada vegada més
interessada en la narració
del seu fill.

–No, perquè eren molts. Moltíssims. A més, el seu capità era molt gran. Tan gran com el pare. I jo volia tornar a casa, però el capità m'ha enganxat pel coll i m'ha dit: «Tu! Amb els altres!» I m'ha posat en una filera amb altres presoners. I ens han fet caminar molt i molt. Fins a unes muntanyes molt altes i encrespades, amb uns espadats terribles.

–Unes muntanyes altes
i encrespades? –la Gura ja no
semblava tan amoïnada
com al principi.

–Sí, i jo tenia vertigen. No t'ho
pots imaginar, mare! I després
m'han embenat els ulls i m'han
tancat a la maleta d'un cotxe.
I m'han fet anar per unes
carreteres que... Hi havia
cada sotrac!
I jo notava que pujàvem
i baixàvem per aquelles muntanyes
i quasi m'he marejat. Ha estat
espantós!

–I t'has pogut escapar o t'ha salvat algú?

–Jo solet, mare. En una corba, m'he llançat del cotxe en marxa i, rodolant, rodolant, he arribat al bell mig d'una reunió de cangurs. Eren uns quaranta i cridaven com a bojos. He arrencat a saltar perquè volia tornar a casa. Però...

–Però t'han agafat, oi?

–Sí! Com ho saps? Es veia d'una hora lluny que eren uns lladres. Havien robat dues caixes fortes i intentaven trencar-ne una amb els peus, per veure què hi havia dintre. «Més al mig! Endavant! Pica-li fort!», cridaven. I a mi també m'han fet picar.

–Mira que bé! –va exclamar la Gura–. I ho has aconseguit?

–Sí, és clar. Què havia de fer? No tenia més remei i estava molt espantat. Cataaacrac!! I així que l'he trencada, zaaasss!, aprofitant la confusió que hi havia perquè tots s'hi han llançat al damunt, he fugit corrents. Tenia ganes de tornar a casa i tenia molta gana, somiava amb un grapat de gespa tendra i fresca.

-No hauries preferit pastanagues? -va preguntar maliciosament la Gura.

-Pastanagues? -es va estranyar en Boing-. Ja saps que no m'agraden les pastanagues, mare.

-Sí, és clar -va dir la Gura-, continua, fill meu, continua.

I en Boing, embolica que fa fort, s'enrotllava com una persiana:

–Llavors, mira que és mala sort, m'he tornat a topar amb el capità d'abans i m'ha tornat a dir: «Tu, amb els altres!» M'ha enganxat pel coll i m'han lligat els peus junts amb els d'un altre presoner. Però, junts, hem arrencat a córrer fins que els hem perdut de vista.

Aleshores ens hem deslligat
i cadascú ha anat per la seva.
I jo tenia moltes ganes de tornar
a casa. Tenia por, estava cansat
i tenia gana perquè no havia
dinat. Però com que estava ben
perdut... no sabia on anar.

–Pobret! –va exclamar la Gura.

–Sí, i he plorat molt i he caminat tot sol durant hores i hores, fins que he trobat un cangur vellet, que collia gespa. Me n'ha donat un bon grapat i m'ha indicat que si seguia aquest camí, arribaria al poble...

La Gura i el seu fill s'acostaven a la casa.

–I he caminat, caminat
i caminat –deia en Boing– fins que...

–Fins que ens hem trobat, oi?

–Sí, i ha estat una aventura horrible, mare, no t'ho pots ni imaginar, quina por, quin neguit, quina angúnia... Jo només volia tornar a casa i estava preocupat per vosaltres. I... quina alegria he tingut quan t'he vist!

La Gura va somriure per sota el nas. I enèrgicament va dir:

–Doncs un altre dia procura que no et segresti ningú...

Ja havien arribat a la porta de casa. Vesprejava.

Després d'una bona dutxa
i un bon sopar, en Boing, arraulit
a la bossa de la seva mare,
va pensar que aquesta vegada
n'havia fet un gra massa.

Quan va estar segura que
en Boing dormia profundament,
la Gura va dir al seu marit:

–Saps una cosa, Gurot? Crec que
aquest fill nostre, quan sigui gran,
serà un bon escriptor de contes per
a cangurets.

En Gurot no va dir res, però després de tot el que li havia explicat la Gura, va pensar que la seva dona tenia raó. En Boing era un grandíssim trapella..., però tenia una imaginació que no se l'acabava.

F
i

AQUEST LLIBRE S'HA ACABAT D'IMPRIMIR
EL MES DE JULIOL DEL 2008.